AF314938

ORDRE DES VACATIONS [1]

Le Lundi 17 Février 1868.

Armes et Fers	220 à 247	
Objets variés	250 — 269	
Miniatures	395 — 415	
Tableaux et Pastels	416 — 489	

Le Mardi 18 Février 1868.

Montres	276 — 290	
Bijoux antiques	291 — 298	
Bijoux anciens	299 — 376	
Tabatières et Bonbonnières	377 — 386	

Le Mercredi 19 Février 1868.

Faïences italiennes	27 — 62	
Faïences diverses	63 — 87	

(1) Nota. — *On ne suivra pas l'ordre numérique.*

DÉSIGNATION DES OBJETS

Émaux de Limoges

1 — Portrait du Roi Henri II. — Peinture en émaux
de couleurs et sur fond vert, par Léonard Limousin.

Le Roi vu à mi-corps et la tête tournée vers la droite,
est vêtu d'un costume blanc et coiffé d'un béret noir garni
d'une plume blanche. Il s'appuie de la main gauche sur
la bande d'émail vert qui sert de base au tableau et tient
ses gants de la main droite.

Cette œuvre importante est placée dans un large cadre
à moulures en bois d'ébène, garni d'appliques en cuivre
doré découpé à jour.

Haut. de la plaque, 18 cent. Larg., 13 cent.
Haut. du cadre, 45 cent. Larg., 40 cent.

2 — Portrait d'Éléonore d'Autriche, seconde femme
de François Iᵉʳ. — Peinture en émaux de couleurs et sur
fond bleu, par Léonard Limousin.

La Reine vue de trois quarts et tournée vers la gauche,
est vêtue d'un corsage blanc, couvert en partie par un par-

dessus noir relevé de broderies. Sa coiffure consiste en un double rang de perles blanches, avec entre-deux d'étoffe rouge.

Ce tableau est placé dans un large cadre à moulures en bois de diverses nuances.

Haut. de la plaque, 18 cent. Larg., 14 cent.
Haut. du cadre, 44 cent. Larg., 40 cent.

1.850.

3 — Belle Coupe ronde à couvercle. — Peinture en émaux de couleurs sur fond noir, rehaussée d'or. XVIe siècle.

La coupe offre à l'intérieur le sujet du jugement de Paris, et à l'extérieur, des grotesques et des trophées d'armes. Le piédouche présente un décor analogue ainsi que trois médaillons ovales décorés de figures en camaïeu d'or sur fond bleu.

Le couvercle est décoré à l'extérieur de six médaillons ovales en relief, renfermant des figures mythologiques en camaïeu d'or sur fond bleu ; les entre-deux sont ornés de termes et d'attributs divers se détachant en grisaille teintée sur fond noir. L'intérieur offre des bustes et des attributs divers en or.

Haut. totale, 23 cent. Diam., 20 cent.

525.

4 — Beau couvercle de coupe. — Peinture en grisaille teintée, rehaussée d'émaux de couleurs et d'or sur fond gros bleu, par P. Reixon. 1527.

Il offre à l'extérieur quatre médaillons saillants de forme ovale, décorés de bustes. Les entre-deux présentent des cartouches imitant des camées, suspendus à des groupes de fruits par des rubans.

A l'intérieur, les médaillons concaves renferment des figurines d'enfants dans diverses attitudes, et les entre deux sont décorés d'arabesques d'or, dont le motif principal simule une fleur de lys.

Cette pièce a reçu une monture de cuivre qui permet de la transformer en coupe.

Diam., 2 cent.

5 — Plaque carrée. — Peinture en émaux de couleurs sur fond gros bleu et rehauts d'or. xvie siècle.

La Vierge, vue de trois quarts et tournée vers la gauche, a la tête couverte d'un voile bleu surmonté d'un nimbe rayonnant d'or. On lit au pourtour : AVE REGINA COELORUM.

Cadre à moulures en bois noir.

Haut. sans cadre, 14 cent. Larg., 11 cent.

6 — Plaque ronde. — Peinture en grisaille, chairs teintées sur fond noir, par LÉONARD LIMOUSIN.

Scène tirée de l'histoire d'Hercule. Composition de trois figures.

Diam., 22 cen..

7 — Plaque ronde. — Peinture en émaux de couleurs, du commencement du xvie siècle.

Le Christ couronné d'épines et vu à mi-corps, entre deux saints personnages.

Cadre en bois noir.

Diam., 15 cent.

8 — Grande Plaque ronde. — Peinture en grisaille sur fond noir. xvie siècle.

Tête d'homme barbu vue de trois quarts. On lit dans le champ : OCTO. Cadre en bois noir.

Diam., 22 cent.

180.

9 — Baiser de paix. — Peinture en émaux de couleurs, par un des premiers maîtres de Limoges. XVI⁰ siècle.

L'Adoration des rois mages. Cette pièce a conservé sa monture de l'époque, en cuivre, enrichie de fleurons émaillés.

Haut., 13 cent. Larg., 9 cent.

145.

10 — Plaque cintrée. — Peinture en émaux de couleurs, du commencement du XVI⁰ siècle.

L'Annonciation. Cadre doré.

Haut., 16 cent. Larg., 12 cent.

510.

11 — Coffret oblong, orné de sept plaques peintes en émaux de couleurs. XVI⁰ siècle.

La plaque du couvercle offre le sujet de la crèche, et les plaques du pourtour des figures de prophètes et de sybilles. Ces dernières sont placées sous des arceaux à plein cintre richement ornés.

Haut., 23 cent. Larg., 26 cent.

132.

12 — Plaque carrée. — Peinture en grisaille sur fond noir, avec bordure d'ornements en émail blanc en relief.

L'Enfant Dieu debout, entouré de chérubins.

Cadre en bois sculpté et doré.

Haut., 16 cent. Larg., 13 cent.

115.

13 — Plaque cintrée.—Peinture en émaux de couleurs, attribuée à JEAN LAUDIN.

Elle représente la sainte Famille. Cadre doré.

Haut., 13 cent. Larg., 11 cent.

14 — Jolie Bourse ornée de deux plaques décorées de cariatides, d'arabesques, de cœurs enflammés et de deux mains
enlacées surmontées de couronnes; le tout en émail blanc
modelé en relief sur fond noir rehaussé d'or.

Garniture en étoffe et passementerie anciennes. Époque
Louis XIII.

15 — Autre jolie Bourse ornée de deux plaques peintes en
émaux de couleurs et rehaussées d'or.

L'une d'elles représente le buste de *Thémistocles*, et
l'autre une cariatide de génie. XVIᵉ siècle. Cette pièce a
conservé sa garniture d'étoffe de l'époque.

16 — Petite Coupe ronde à lobes dont le médaillon central est
décoré de la figure de la Vierge, peinte en grisaille sur
fond noir. Le pourtour intérieur est décoré de fleurs en
couleurs sur fond blanc, et l'extérieur présente un paysage
et des fleurs, décorés en émaux de couleurs. Ouvrage de
JEAN LAUDIN.

Diam., 15 cent.

17 — Plaque carrée. — Peinture en émaux de couleurs sur
fond noir, par JEAN LAUDIN.

Saint Antoine de Padoue, debout, dans un paysage.

Haut., 145 millim. Larg. 115 millim.

18 — Plaque carrée. — Peinture en grisaille sur fond noir,
par JEAN LAUDIN.

Saint Antoine en prière.

Haut., 145 millim. Larg., 11 cent.

19 — Plaque ovale. — Peinture en émaux de couleurs et sur
paillons. Ouvrage moderne. Portrait d'homme.

Haut., 13 cent. Larg., 95 millim.

20 — Plaque de forme cintrée. — Peinture en émaux de couleurs et sur paillons. — La Vierge vue à mi-corps et le Christ couronné d'épines.

Dans un cadre de forme monumentale en cuivre doré, à colonnes détachées et enrichi de pierreries.

Haut. totale, 24 cent.

Émaux dits bysantins

21 — Belle croix en cuivre champlevé et émaillé d'épargne, décorée de fleurons de couleurs sur fond d'émail bleu et présentant à la partie inférieure une tête de femme émaillée blanc. Le Christ rapporté sur la croix est en bronze et conserve des traces de dorure ; les yeux sont en émail noir. XIII° siècle.

Haut., 20 cent.

22 — Plaque de reliure en cuivre champlevé et émaillé à rosaces de couleurs sur fond bleu. Elle représente le Christ en croix entre les saintes femmes et dans le haut se trouvent deux anges. Les figures sont très finement gravées, le Christ et les faces des autres personnages sont rapportés en relief. Même époque.

Haut., 20 cent., lar., 125 milim.

23 — Custode de forme cylindrique et à couvercle conique surmonté d'une croix, en cuivre champlevé et émaillé à rosaces et ornements sur fond bleu. Même époque.

Haut 11 cent.

24 — Custode de forme analogue à celle qui précède, décorée de fleurons simulant des fleurs de lys réservés en or sur fond bleu clair et sur fond bleu foncé alternés. La croix manque.

Haut., 95 milim.

25 — Petit flambeau à colonne droite et nœud médian, en cuivre champlevé et émaillé à rosaces. XIII° siécle.

Haut., 19 cent.

26 — Baiser de paix en cuivre champlevé et émaillé présentant la figure de la Vierge assise tenant son divin fils. Travail moderne.

Haut., 16 cent.

Faïences italiennes

27 — Fabrique de Gubbio. — Très-joli plat rond couvert de feuilles décorées en bleu et rouge rubis à reflets métalliques très-brillants. Il porte au centre l'initiale R.

Diam., 35 cent.

28 — Même fabrique. — Coupe ronde offrant en relief le sujet de l'adoration des bergers; décor à reflets métalliques mordorés et camaïeu bleu. Pièce rare. Elle porte au revers la date de 1534.

Diam., 27 cent.

29 — Même fabrique. — Coupe ronde repoussée à bossages, à décor à reflets métalliques mordorés et rouge rubis. Au centre, une figure de saint personnage debout.

Diam., 26 cent.

30 — **Même fabrique.** — Petit plat rond et creux, dit à décor
d'ornements, à reflets métalliques et bleu. Il porte au centre
le nom : NICHOLA.

Diam., 21 cent.

31 — **Fabrique d'Urbino.** — Joli petit plat creux représentant
une scène tirée de l'histoire de Thésée finement peinte en
couleurs et portant un écusson armorié. Il offre au revers
le sigle de Fra Xanto, l'indication du sujet et la date de
1535.

Diam., 25 cent.

32 — **Même fabrique.** — Petit plat rond représentant le sujet
d'Actéon changé en cerf, décoré en couleurs.

Diam., 26 cent.

33 — **Même fabrique.** — Joli petit plat décoré de grotesques,
et d'ornements variés en couleurs sur fond blanc.

Diam., 25 cent.

34 — **Même fabrique.** — Plat rond présentant un décor analogue, mais un peu plus petit.

Diam., 23 cent.

35 — **Fabrique de Pearo.** — Très-beau plat rond, à décors
à reflets métalliques rouge rubis et mordorés très-brillants.
Il offre au centre un buste de femme, des rosaces et une
banderolle portant une inscription. Le bord est décoré
de cornes d'abondance, de rinceaux et d'ornements.

Diam., 42 cent.

36 — **Même fabrique.** — Plat rond à décor en camaïeu bleu
et reflets métalliques mordorés. Il offre au centre une

figure de guerrier debout et le bord est divisé par compartiments décorés d'ornements variés.

Diam., 40 cent.

37 — Même fabrique. — Plat rond présentant une rosace à décor en camaïeu bleu et jaune à reflets métalliques.

Diam., 38 cent.

38 — Même fabrique. — Petit broc décoré d'une figure de saint personnage agenouillé, à décor à reflets metalliques.

Haut., 21 cent.

39 — Fabrique Hispano-arabe. — Plat rond godronné et à ombilic saillant, à décor d'ornemen.s, à reflets métalliques mordorés; l'ombilic porte une armoirie décorée sur fond bleu.

Diam., 33 cent.

40 — Même fabrique. — Plat rond decoré d'une figure, d'oiseaux et d'ornements, à reflets métalliques rouge rubis et mordorés.

Diam., 33 cent.

41 — Même fabrique. — Plat rond analogue à celui qui précède décoré d'un vase et d'ornements.

Diam., 34 cent.

42 — Même fabrique. — Plat analogue, moins grand.

Diam., 33 cent.

43 — Même fabrique. — Joli plat rond à ombilic saillant décoré d'ornements à reflets métalliques mordorés et de filets bleus.

Diam., 41 cent.

305.

44 — Même fabrique. — Grand plat rond décoré de feuillages à reflets métalliques mordorés et présentant au centre uu lion héraldique debout. Le revers est décoré de larges feuilles.

70.

45 — Même fabrique. — Trois petites coupes rondes à décor à reflets métalliques rouges.

Diam., 19 et 20 cent.

120.

46 — Fabrique de Lucca della Robbia. — Médaillon rond présentant en relief une tête d'homme couronné, émaillée blanc sur fond bleu. Dans un large cadre en bois noir.

Diam., sans le cadre 27 cent.

220.

47 — Fabrique d'Urbino. — Vase, modèle bouteille, décoré en couleurs et représentant l'enlèvement d'Europe. Cette pièce a reçu sous Louis XVI une monture en bronze doré,

Haut., 49 cent.

125.

48 — Même fabrique. — Broc à une anse et panse à côtes décorées d'arabesques en couleurs.

Haut., 23 cent.

78.

49 — Faïence italienne. — Aiguière formée d'une syrène dont le corps présente sur sa face un mascaron en relief.

Haut., 10 cent.

37.

50 — Faïence italienne. — Salière composée de cariatides et de figurines en ronde bosse, décorées en couleurs.

Haut., 15 cent.

88.

51 — Fabrique italienne. — Petit buste de Saint-Jean, ac-

compagné de sa console support, décorée de mascarons
en relief et d'une figure de Saint-Jean debout, peinte en
couleurs. Cette pièce porte le monogramme T. B. ainsi
que la date de 1590

> Haut. totale 47 cent.

52 — **Fabrique de Castelli.** — Deux tasses à anses avec soucoupes, décorées de figures dans des paysages

> Haut., 8 cent.

53 — **Fabrique de Castel Durante.** — Grand plat rond décoré en couleurs, présentant un sujet tiré de l'histoire
d'Hercule; le bord décoré de trophées d'armes et de mascarons porte le monogramme I. B,

> Diam., 42 cent.

54 — **Même fabrique.** — Petit plat rond et creux forme dite
cuppa amatoria; il est décoré au centre d'un buste d'empe-
reur romain et le bord présente des trophées en camaïeu
brun sur fond bleu. Date de 1550.

> Diam., 22 cent.

55 — **Fabrique italienne.** — Coupe ronde décorée d'un buste
de personnage en costume du temps de Henri II, se détachant en grisaille teintée sur fond jaune.

> Diam., 24 cent.

56 — **Fabrique de Castelli.** — Plat rond décoré en couleurs
il offre au centre le sujet de Judith tenant la tête d'Olo-
pherne et le bord est décoré de rinceaux et de génies. Ce
plat porte un écusson armorié.

> Diam., 34 cent.

57 — **Même fabrique.** — Plat rond décoré en couleurs et représentant le repas des dieux.

Diam., 32 cent.

58 — **Même fabrique.** — Plateau rond sur piédouche bas, décoré en couleurs et représentant un groupe de divinités de la fable.

Diam., 30 cent.

59 — **Même fabrique.** — Grande et belle boîte ronde décorée au pourtour de sujets champêtres et portant un écusson armorié. Le couvercle est formé d'une plaque représentant le sujet de Suzanne et les vieillards.

Haut., 18 cent., diam., 36 cent.

60 — **Fabrique de Venise.** — Deux plats ronds décorés de figures au centre; Bords gaufrés à fleurs en relief dessinées au trait sur fond brun.

Diam., 34 cent.

61 — **Même fabrique.** — Plat ovale à sujet de personnages et fleurs en relief, décorés en camaïeu bleu.

Larg., 39 cent.

62 — **Fabrique de Savone.** — Grand plat rond à cariatides et mascarons en relief et décoré en camaïeu bleu.

Diam., 45 cent.

Faïences françaises et autres

63 — Mortier à cire en faïence de Bernard-Palissy en forme de coupe avec piédouche et large base reliée à la panse

par trois pieds droits ornés de mascarons fantastiques, entièrement couvert d'un émail bleu jaspé et violacé.

Cette pièce exceptionnelle a été reproduite dans la monographie des œuvres de Bernard-Palissy par MM. H. et C. Delange.

Haut., 13 cent., diam , 18 cent.

64 — Charmant petit plat ovale à reptiles, en faïence de Bernard-Palissy, émaillé de couleurs variées sur fond bleu jaspé.

Larg., 22 cent.

65 — Aiguière formée d'un groupe en faïence de Bernard-Palissy. Neptune nu, monté sur un cheval marin.

Haut., 28 cent.

66 — Grand et beau plat en ancienne faïence de Nevers à bord festonné, fond bleu de Perse et décor d'ornements de rinceaux et d'oiseaux en blanc.

Diam., 48 cent.

67 — Très-grand plat rond décoré de sujets divers en couleurs ; le déluge, bacchanales, etc. Il porte au revers le nom *Jacque* ; nous considérons cette pièce comme un essai de faïencier Nivernais.

Diam., 52 cent.

68 — Hanap en faïence émaillée vert uni, avec pied et gorge garnis en argent gravé à feuilles xvi° siècle.

Haut., 16 cent.

69 — Salière de forme triangulaire, ornée de figurines d'amours assis tenant des coquilles et supportant une coupe

ronde. Cette pièce en faïence blanche, décorée à l'imitation des faïences d'Oiron, dites de Henri II, a été exécutée en 1858 par M. Avisseau de Tours.

Hant., 15 cent.,

70 — Coupe ronde à couvercle, en faïence blanche, décorée d'arabesques noires, aussi à l'imitation des faïences de Henri II. Elle porte à l'intérieur les armes de la ville de Tours et le couvercle présente les croissants de Diane de Poitiers. Cette pièce a été exécutée par M. Avisseau de Tours en 1863.

Haut., 23 cent., diam., 17 cent.

71 — Deux canards formant bottes, émaillés en couleurs.

72 — Grand plat rond en faïence de Nevers (?) décoré dans le style des faïences italiennes. Le centre présente le sujet de la crèche et le pourtour gôdronné est décoré de sujets de personnages.

Diam., 44 cent.

73 — Plat ovale en faïence de Beauvais à bord festonné et godrons saillants décorés en vert sur fond jaspé.

Larg., 36 cent

74 — Beau vase portefleurs en ancienne faïence de Nevers, décoré de sujets chinois en camaïeu bleu et à anses double serpents enroulés. Il repose sur une petite table en bois sculpté à colonnes torses, garnie en velours rouge.

Haut. du vase, 48 cent.

75 — Broc à panse ovoïde granulée en faïence d'Avignon,

émaillée brun. Le couvercle est aussi en faïence et l'anse
est formée d'une torsade.

Haut., 33 cent.

102.

76 — Pot attrape en forme de hanap en faïence d'Avignon,
à reliefs émaillés en couleurs sur fond brun. Il porte une
fleur de lys couronnée.

Haut., 25 cent.

77 — Pot attrappe analogue à celui qui précède, décoré de
bandes d'ornements et de mascarons en relief.

Haut., 23 cent.

182

78 — Pot attrape à deux goulots formant anses, en faïence de
Beauvais, émaillé vert uni et décoré du double aigle
d'Allemagne, de couronnes et de mascarons en relief.

Haut., 24 cent.

79 — Pot attrappe analogue à celui qui précède et pouvant
lui servir de pendant. Celui-ci est orné de lions héraldi-
ques et de figures de la Justice en relief.

Haut., 25 cent.

33.

80 — Grande soupière à couvercle, de forme contournée, en
faïence jaspée brun et vert.

Larg., 48 cent.

10.

81 — Grand flambeau en faïence blanche à colonne carrée.

Haut., 30 cent.

41

82 — Gourde en forme de tonnelet en faïence de Beauvais,
portant les armes de France en relief et jaspé de vert et
de brun.

Haut. 16 cent.

83 — Petit vase en faïence, modèle balustre, émaillé bleu turquoise.

Haut., 17 cent.

84 — Petit vase modèle balustre renversé, en faïence de
Nevers, décoré de fleurs en camaïeu bleu et blanc sur fond
jaune.

85 — Cruche en faïence, décorée de têtes de chérubins en
relief et de rinceaux en couleurs. Faïence allemande.

86 — Broc en faïence de Delft, fond bleu à médaillons de
fleurs et présentant sur sa face une figure de femme en
couleurs.

87 — Deux vases à deux anses en faïence de Sarguemines,
marbrée.

Grès de Flandres et Terres émaillées de Munich

88 — Jolie cruche de forme droite en grès de Flandres, émaillé
blanc et à médaillons de personnages et ornements, en
relief. XVIe siècle.

Haut., 37 cent.

89 — Deux gourdes en grès de Flandres, décorées de rosaces
et de fleurs de lys, en relief, émaillées bleu sur fond violet.
L'une d'elles porte les armes de la ville de Paris.

90 — Broc à double goulot et à trois anses en grès, émaillé
bleu violacé.

91 — Cruche en grès émaillé brun, portant les bustes et les armoiries des électeurs en relief ainsi que la date de 1602.

92 — Cruche en grès émaillé gris et bleu, décorée de sujets en relief très-curieux et portant la date de 1589.

93 — Petite cruche en grès émaillé brun, décorée de médaillons, bustes, mascaron et ornements. XVIe siècle.

Haut., 14 cent.

94 — Broc en terre émaillée de Munich, décoré d'ornements en couleurs et or sur fond brun. Il porte la date de 1661.

Haut., 28 cent.

95 — Broc en terre émaillée de Munich, décoré des armes de Saxe et d'ornements en relief et en couleurs sur fond brun.

Haut., 22 cent.

96 — Petit broc en grès de Munich, émaillé noir et blanc sur fond gris, et orné de mascarons en relief rehaussés d'or. Couvercle en étain repoussé à fleurs.

97 — Autre broc décoré de rosaces et d'ornements, émaillés vert et blanc sur fond gris.

98 — Pot à bière en terre émaillée de Munich, à ornements émaillés en couleurs et or.

99 — Pot analogue decoré des figures des Apôtres en relief et émaillées en couleurs.

100 — Autre pot très-bas, décoré des attributs des Apôtres,
en relief et portant la date de 1663.

101 — Pot à tabac à deux anses, en terre émaillée de Munich,
à bustes et palmettes en relief et en couleurs sur fond
brun.

102 — Broc en terre émaillée de Munich, décoré de bustes
et d'ornements en couleurs sur fond brun.

103 — Pot à tabac de forme hexagone, décoré de cariatides,
de mufles de lion et d'ornements, en couleurs et or sur
fond brun.

104 — Deux gourdes : l'une en terre émaillée marbrée, à
rosace au centre, découpée à jour, l'autre, en forme d'anneau en grès émaillé gris.

105 — Deux grosses cruches en grès de Flandres, émaillé
gris et bleu.

106 — Grande et belle cruche en terre émaillée de Munich,
décorée de sujets de chasse, de mascarons et de fleurs
émaillés en couleurs sur fonds variés. Émail très-bril-
lant.

Haut., 34 cent.

107 — Grand pot à six pans en terre émaillée, décoré d'une
frise de personnages en relief, représentant les divinités
de la Fable ainsi que de rosaces, fleurs et quadrillages en
couleurs sur fond brun.

Haut., 54 cent.

108 — Pot à tabac de même style, décoré de quadrillages et d'ornements.

Haut., 24 cent.

109 — Pot à bière en terre émaillée de Munich, décoré au pourtour des figures des Apôtres en relief.

Haut., 16 cent.

110 — Pot analogue à celui qui précède. Celui-ci est décoré de figures, d'animaux et d'ornements en relief, émaillés en couleurs.

Haut., 19 cent.

111 — Cruche en terre émaillée de Munich, décorée de figures et d'armoiries, en relief et en couleurs sur fond brun.

Haut., 25 cent.

112 — Grand pot à six pans en terre émaillée brun, orné de figures d'Apôtres et d'ornements en relief. Il porte l'inscription suivante : JOHANN, MAY. DOCTOR. M. D. ST. C. M., 1657.

Haut., 32 cent.

113 — Pot à panse carrée en grès émaillé gris et bleu. Il présente sur chacune de ses faces un écusson d'armoiries et porte la date de 1676.

Haut., 26 cent.

114 — Deux cruches en grès de Flandres, émaillées bleu et violet sur fond gris ; l'une est décorée de pensées en relief, l'autre porte un écusson armorié.

Verrerie de Venise

115 — Joli verre de Venise à coupe évasée incolore, sur pied
à ailerons, dont deux en émail bleu.

Haut., 19 cent.

116 — Grand verre de Venise, sur pied formé de deux oiseaux
enlacés, en verre à torsades émaillées rouge et blanc et
têtes travaillées à la pince.

Haut., 29 cent.

117 — Grand et beau vase porte fleurs de forme élégante, à
trois anses et garni de six goulots droits surélevés ; verre
incolore relevé par des mascarons mufles de lion en relief
dorés.

Haut., 33 cent.

118 — Autre beau vase de forme ovoïde en verre incolore,
orné de mascarons en relief, rosaces et filets dorés.

Haut., 30 cent.

119 — Verre, à coupe décorée d'arêtes saillantes et montée sur
un double nœud garni d'anses à ailerons. Le tout en un
verre incolore.

Haut., 23 cent.

120 — Verre dont le pied élevé se compose de diverses par-
ties destinées à laisser pénétrer le liquide. Verre incolore
et filet d'émail bleu clair au bord supérieur.

Haut., 24 cent.

121 — Grand verre bleu évasé; le pied de verre a été remplacé par un pied de cuivre doré.

Haut., 28 cent.

122 — Petit vase de forme surbaissée et à large ouverture, en verre vert à imbrications d'or et points saillants en émail de couleur.

Haut., 55 mill.; diam., 85 mill.

123 — Petit gobelet à deux anses, décoré de mufles de lion en relief et rehaussé de filets d'émail bleu.

124 — Verre dont la coupe repose sur un pied élevé garni de quatre motifs d'ornements simulant des oiseaux fantastiques et avec un nœud renfermant trois dés à jouer mobiles. Pièce curieuse.

Haut., 75 cent.

125 — Verre très-élevé, dont la coupe repose sur une série de neuf nœuds, dont l'un est garni de petites anses. Verre incolore et filet d'émail bleu à la partie supérieure.

Haut., 40 cent.

126 — Verre de forme cylindrique à filets saillants émaillés blanc.

Haut., 25 cent.

127 — Deux pièces : Flacon en forme de tonneau en verre marbré et gobelet à couvercle en verre craquelé de Venise.

Verrerie allemande et autre

128 — Très-beau calice en verre incolore, décoré d'émaux de couleurs en relief et rehaussé d'or. Le piédouche présente

le Christ en croix et des arabesques; le nœud à résille saillante émaillée jaune, est rehaussé de rayons blancs et or relevés de points d'émail bleu. La coupe est décorée de serpents et de rayons en couleurs, ainsi que d'une frise d'ornements dorés avec filets et points d'émail.

Cette pièce qui date des premières années du xvie siècle, nous semble être de fabrication française.

Haut., 22 cent.

129 — Beau vidrecome allemand de forme cylindrique, à pied évasé en verre incolore, décoré de figures et d'armoiries émaillées en couleurs. Il porte le nom MATTHIAS GELLE, ainsi que la date de 1596.

Haut., 23 cent.

130 — Vidrecome analogue à celui qui précède, à figures, fleurs et armoiries décorés en couleurs. Il porte le nom SAMUEL REMDA, ainsi que la date de 1619.

Haut., 27 cent.

131. — Autre vidrecome de forme cylindrique à sujet émaillé, représentant l'Adoration des mages. Il porte une inscription allemande et date de 1701.

Haut., 24 cent.

132 — Vidrecome à sujet émaillé en couleurs, indiquant que cette pièce appartenait à une corporation de bouchers. Date de 1711.

Haut., 24 cent.

133 — Deux petits gobelets à pans, en verre incolore double, décorés de sujets de chasse en or. Époque Louis XV.

134 — Deux grands vidrecomes de forme cylindrique à couvercles, décorés à froid ; l'un d'eux présente des écussons armoriés, et l'autre les figures équestres des électeurs. Travail moderne.

Haut., 57 cent.

135 — Vidrecome de forme cylindrique en verre émaillé, portant divers emblèmes de la corporation des menuisiers, ainsi que la date de 1733.

Haut., 27 cent.

136 — Vidrecome en verre peint à froid, représentant une figure de cavalier et un écusson armorié. Il porte la date de 1647. Le pied a été rapporté.

Haut. totale, 29 cent.

137 — Vidrecome en verre vert peint à froid, présentant une figure de guerrier debout et un écusson d'armoiries. Travail moderne.

Haut., 28 cent.

138 — Verre, à coupe en verre vert, gravée à sujets de chasse et colonne garnie et se terminant par un grelot en argent doré. Travail allemand du xviie siècle.

Haut., 29 cent.

139-140 — Sept verres allemands gravés. Ce lot sera divisé.

141 — Broc en verre incolore émaillé à figures et inscriptions en bleu et blanc. Date de 1699.

Haut., 24 cent.

142 — Vidrecome à anse, en verre violet, décoré de figures, d'ornements et portant des inscriptions allemandes, émaillées blanc.

Haut., 20 cent.

143 — Grand verre à boire à figure et écusson émaillés, et portant une inscription allemande, ainsi que la date de 1709.

Haut., 17 cent.

144 — Vidrecome allemand, décoré d'une figure de berger accompagné de son troupeau et portant la date de 1748.

Haut., 17 cent.

145 — Vidrecome à côtes horizontales parallèles en verre incolore, décoré d'ornements et d'inscriptions gravés au trait et de points d'émail saillants sur fond d'or. Il a été monté sur un pied de calice en cuivre doré.

Haut. totale, 37 cent

Sculptures

146 — Buis. — DÉLICIEUX MIROIR DE CEINTURE en buis sculpté. La glace, de forme ronde, est placée dans un cadre quadrangulaire découpé, orné d'entrelacs, cuirs et groupes de fruits. A droite et à gauche, des figures de génies, surmontées de mufles de lion. Dans le haut, une femme nue assise figurant la Justice.

Le revers présente un médaillon rond de même grandeur que la glace et décoré du sujet de Daniel descendu dans la fosse aux lions. A droite et à gauche, deux petits génies sonnant de la trompe ; en haut, une figure d'homme jouant de la viole. Comme la face principale, celle-ci est décorée d'entrelacs, cuirs, groupes de fruits et figurines.

Ce miroir, remarquable par la richesse de la composition, par la finesse du travail et par l'élégance de la forme, mérite de fixer l'attention des amateurs. Il a été exécuté en Flandres au xvie siècle et porte diverses devises en latin, en vieux flamand et en français.

Il offre une analogie frappante avec celui de la collection Sauvageot, appartenant aujourd'hui au musée du Louvre, et nous croyons pouvoir affirmer qu'il a été exécuté par le même artiste.

Haut., 133 millim.; larg. 108 millim.

147 — Cire. — Deux bustes en haut relief, décorés au naturel. Homme et femme vus à mi-corps en riches costumes du temps de Henri II. L'homme est vêtu d'un pourpoint de velours noir avec collerette plissée et coiffé d'un chapeau noir. La femme vêtue d'une robe rouge, porte sur la poitrine un bijou très-finement modelé, rehaussé de pierreries et de perles. Ouvrage allemand du xvie siècle. Ces deux objets sont montés dans des cadres profonds en bois noir; l'un d'eux porte un écusson armorié.

Haut., 15 et 16 cent.; larg., 11 et 12 cent.

148 — Terre cuite peinte. — Deux médaillons ronds présentant en ronde bosse deux bustes d'hommes, l'un en costume du temps de Henri II, et l'autre en costume de folie. Ouvrage du xvie siècle. Ils proviennent de la collection Humann.

Diam., 11 cent.; prof., 9 cent.

149 — Ivoire. — Charmant petit coffret de forme oblongue à couvercle légèrement bombé, décoré sur toutes ses faces de rinceaux, d'ornements et de serpents enroulés, très-finement sculptés en bas-relief. La boîte est prise dans un bloc d'ivoire évidé, et le couvercle présente un travail analogue. Époque Louis XIII.

Long., 11 cent.

150 — Ivoire. — Amorçoir, présentant sur une de ses faces les figures vues à mi-corps du roi Louis XII et d'Anne de Bretagne, sculptées en haut relief, et sur l'autre, un squelette tenant une pelle. Travail du xvie siècle.

Haut., 7 cent.

151 — Ivoire. — Grain de chapelet formant sifflet et composé des têtes accolées du roi Louis XII et d'Anne de Bretagne, mais à l'état cadavérique. La coiffure de la reine porte la fleur de lys et l'hermine. Même époque.

152 — Ivoire. — Volet de diptyque, représentant le Christ en croix et deux figures de guerriers debout. L'encadrement est formé de feuilles sculptées. Cette pièce qui date du xiie ou du xiiie siècle, a conservé des traces de peinture.

Haut., 145 millim. Larg. 11 cent.

153 — Ivoire. — Diptyque. — Le volet gauche sculpté en bas-relief, représente l'adoration des Rois Mages et le volet droit le Christ en croix et les saintes femmes. Ces deux scènes sont placées sous des arceaux de style ogival. Ouvrage du xve siècle.

Haut., 12 cent. Larg. 16 cent.

154 — Ivoire. — Petit diptyque de mêmes style et époque. Le volet gauche représente la Vierge debout entre deux saints personnages et le volet droit, le Christ en croix.

Haut., 67 millim. Larg. 105 millim.

155 — Ivoire. — Baiser de paix. — Sculpture très-fine en bas-relief représentant l'adoration des Rois Mages, sous des arceaux gothiques découpés en ogive . Ouvrage de la

fin du xiv⁰ siècle ou du commencement du xv⁰. Monture
en cuivre

Haut., 105 millim. Larg. 7 cent.

156. — Ivoire. — Diptyque. — Le volet droit offre le sujet
de l'Annonciation et le volet gauche représente la crèche.
Ouvrage des dernières années du xv⁰ siècle.

Haut., 112 millim. Larg. 15 cent.

157 — Ivoire. — Volet de diptyque. — Groupe de deux
saintes femmes, debout sous un monument de style roman.
Dans la partie inférieure du tableau deux personnages
debout relèvent des draperies.

Haut., 17 cent. Larg. 105 millim.

158 — Ivoire. — Joli peigne dont les deux faces sculptées
en bas-relief, représentent deux frises de personnages,
des animaux fantastiques et des candélabres. xvi⁰ siècle.

Larg.. 16 cent.

159 — Buis. — Deux jolis médaillons ronds ; bustes d'homme
et de femme vus de profil et vêtus de riches costumes
sculptés en bas-relief. Travail allemand du xvi⁰ siècle.

Diam.. 55 millim,

160 — Ivoire. — Boîte ovale. Le couvercle sculpté en bas-
relief représente le Christ et la Samaritaine ; le pourtour
offre diverses scènes tirées de la vie de Daniel. xvii siècle.

161 — Coquille. — Médaillon ovale présentant les bustes accolés et vus de profil du roi Henri IV et de Marie de Médi-
cis. Travail très-fin de l'époque.

162 — Bois. — Sculpture en bas-relief, en forme d'étoile représentant diverses scènes tirées de la vie du Christ. Ouvrage du Liban.

36.

163. — Ivoire. — Deux pièces : Pion d'échiquier formé d'un petit buste d'homme, finement sculpté et médaillon ovale sculpté sur ses deux faces à figures de saints personnages.

50.

164 — Deux pièces : Figurine de saint Georges, terrassant le Dragon, en ivoire sculpté et figurine de femme en ambre.

165 — Baiser de paix en ivoire présentant les divers instruments de la passion ainsi qu'une figure de saint personnage, agenouillé. Un petit Christ en cuivre a été rapporté. XVIIe siècle.

166 — Médaillon rond moulé en écaille et décoré en couleurs et or. *Le Modèle.* Époque Louis XVI.

167 — Cire peinte. — Personnage vu à mi-corps. Dans un cadre en bois sculpté et doré. XVIIIe siècle,

20.

168 — Ivoire. — Figurine de saint personnage debout tenant une tête de mort. XVIIe siècle.

. Haut, 14 cent.

60.

169 — Ivoire. — Figurine de saint évêque portant la mitre et la crosse. Même époque.

Haut., 16 cent.

40.

170 — Ivoire. — La Vierge debout, portant son divin Fils sur son bras gauche. XVIIe siècle.

Haut., 17 cent.

171 — Bois. — Statuette de Vierge debout, en bois sculpté, couverte d'un vêtement formé d'une feuille d'argent repoussé, avec bordure filigranée et dorée. La couronne fleurdelisée et les cheveux ont conservé des traces de dorure. XV⁰ siécle.

Haut., 32 cent.

172 — Os. — Petit coffret vénitien en marqueterie de bois et d'ivoire, enrichi de figures sculptées en bas-relief sur os. XIV⁰ siècle.

Larg., 16 cent.

173 — Cire. — Médaillon ovale présentant en relief un groupe de quatre figures d'enfants dans un paysage. Travail moderne.

Larg., 13 cent.

174 — Ivoire. — Bas-relief de forme carrée, représentant une jeune femme vue à mi-corps et de profil. Bon travail du temps de Louis XIV. Dans un cadre à moulures guillochées en bois noir.

Haut.. 115 millim. Larg. 8 cent.

175 — Ivoire. — Deux médaillons ovales ; bustes de saints personnages. XVII⁰ siècle.

176 — Os. — Triptyque vénitien en marqueterie enrichi d'appliques en os sculpté à figures en relief. XIV⁰ siècle.

177 — Ivoire. — Oliphant sculpté à torsades et quadrillages.

Long., 42 cent.

178 — Bois. — Très-jolie quenouille accompagnée de ses af-

fiquets, en bois finement sculpté à figure et ornements
XVIIᵉ siècle.

179 — Bois. — Quenouille en bois tourné et ivoire.

180 — Ivoire. — Bâton de confrérie, en ivoire finement
gravé au trait à figures de saints personnages et ornements. XVIIᵉ siècle.

181 — Buis. — Peigne en buis sculpté à ornements découpés
à jour et portant une inscription italienne. XVIᵉ siècle.

> Larg., 19 cent.

182 — Bois. — Croix présentant sur ses deux côtés ainsi que
sur ses faces latérales des sujets sculptés, tirés de la vie du
Christ. Ouvrage du Liban.

> Haut., 20 cent.

183 — Ambre jaune. — Belle plaque de forme contournée
sculptée en haut-relief et représentant le Christ en croix
entre les saintes femmes. Cette plaque présente au revers
un médaillon ovale renfermant une pieta finement sculptée.

> Haut., 15 cent

184 — Ivoire. — Petit amorçoir en forme de guitare gravée
au trait à figures, ornements et sujets de chasse.

> Long., 13 cent.

185 — Ivoire. — Gaine sculptée à figures et ornements; elle
renferme un couteau et une fourchette à manches d'ivoire
gravé et incrusté de filets d'argent.

> Époque Louis XIII.

186 — Ivoire. — Couteau-poignard, à manche en ivoire sculpté, composé de figures allégoriques et gaine décorée de figurines et d'ornements sculptés.

Même époque.

187 — Ivoire. — Amorçoir de forme ronde dont les deux faces sculptées en bas-relief représentent des sujets de bacchanales. Garniture en argent.

Diam., 8 cent.

188 — Ivoire. — Deux pièces. — Haut-relief de forme cintrée représentant la Vierge assise et l'enfant Jésus, et figurine de sainte femme debout.

189 — Ivoire. — Petit coffret à couvercle bombé sculpté à fleurs en bas-relief. Travail indien.

Long., 13 cent.

190 — Bois. — Deux pièces : Petite croix du Liban et manche de couteau en buis sculpté à figures et têtes d'enfants.

191 — Ivoire. — Belle rape à tabac présentant en bas-relief la figure d'Apollon debout, ainsi que des dauphins, un mascaron et des enroulements. Le couvercle de la boîte présente un groupe de deux figures.

Époque Louis XIV.

192 — Cire rouge. — Médaillon rond représentant saint Martin partageant son manteau. Ouvrage remarquable qui nous paraît avoir été exécuté comme projet de médaille. Cadre en bois noir et filets dorés.

Diam. sans le cadre, 16 cent.

193 — Ivoire. — Coupe de forme ovale allongée à couvercle, ornée de tritons et de naïades sculptés en bas-relief, et supportée par une figurine d'enfant nu debout. Monture en argent doré

Haut., 18 cent.; larg., 17 cent.

194 — Ivoire. — Groupe, — Diane debout et nue, accompagnée de deux chiens et d'un enfant sonnant de la trompe. XVIIe siècle,

Haut., 25 cent.

195 — Ivoire. — Figurine de Vierge debout, les mains jointes. Travail espagnol. XVIIe siècle.

Haut., 22 cent.

196 — Ivoire. — Figurine de Vierge debout. XVIIe siècle. Sur socle en marbre petit antique et bronze doré.

Haut. sans le socle, 14 cent.

197 — Os. — Coffret carré décoré de figurines et de sujets de chasse sculptés en bas-relief. Le fond forme échiquier.

Long., 16 cent.; larg., 12 cent

198 — Bois. — Sculpture en haut-relief représentant le Christ présenté au peuple. XVIIe siècle.

Haut., 17 cent.; larg., 11 cent.

199 — Bois. — Râpe à tabac offrant sur une de ses faces le sujet de la Résurrection et sur l'autre les divers instruments de la Passion. Elle porte les inscriptions suivantes ; *Je suis à Claude de Cabaza, prestre; Faite par P. Castel.*

200 — Cire peinte. — Deux bustes d'hommes : Érasme et Mélanchton. Cadre en bois noir.

201 — Cire peinte. — Buste du roi Henri IV; travail de l'époque. Dans un cadre ovale à moulures

202 — Terre cuite. — Bas-relief carré. — Tête de femme vue de trois quarts. Étude.

Haut., 16 cent.; larg,, 13 cent.

203 — Terre cuite peinte. — Bas-relief représentant la sainte Famille. Dans un cadre à moulures et à fronton découpé en bois noir.

Haut. totale, 27 cent.; larg., 22 cent.

204 — Terre cuite. — Charmante figurine de femme nue debout, par CLODION (signée); un vase couvert en partie par une draperie est à ses pieds.

Haut., 43 cent.

205 — Terre cuite. — Joli groupe de deux Amours, couchés sur des fruits et des attributs divers. XVIIIᵉ siècle.

Larg., 24 cent.; haut., 13 cent.

206 — Terre cuite. — Tête de femme. Fragment.

Haut., 8 cent.

207 — Terre cuite. — Groupe de deux figures de femmes debout, portant un candélabre. Ébauche, XVIIIᵉ siècle.

Haut., 35 cent.

208 — Deux pièces : Groupe de diverses figures en ivoire et gobelet en corne sculptée, de travail espagnol.

209 — Deux pièces : Râpe à tabac en ivoire, formée d'une figure d'homme debout sculptée en bas-relief, et médaillon ovale en bronze renfermant une tête d'homme en bois sculpté.

Terres cuites par Nini

210 — CHARLES JUSTE, PRINCE DE BEAUVAU. — Buste de profil tourné à droite; costume très-riche. Signé et portant la date de 1767.

Diam.. 16 cent.

211 — SUZANNE JARENTE DE LA REYNIÈRE. — Buste de profil tourné à droite. Signé et portant la date de 1769.

Diam., 16 cent.

212 — LUDOVICUS XV REX CHRISTIANISSIMUS. — Tête laurée vue de profil et tournée à droite. Date de 1770.

Diam., 16 cent.

213 — ALBERTINE, NÉE BARONNE DE NIVENHEIM. — Buste de profil et tourné vers la droite, costume riche. Signé et et portant la date de 1768.

Diam., 16 cent.

214 — CHARLES RENÉ PÉAN, SEIGNEUR DE MOSNAC. — Buste de profil tourné vers la gauche. Signé et portant la date de 1768.

Diam., 16 cent.

215 — CATHERINE II IMPERATRICE DE RUSSIE. — Tête laurée

tournée à gauche, L'inscription est écrite en caractères russes. Date de 1771.

Diam., 16 cent.

216 — MICHEL FOUCAULT. — Buste de profil, tourné vers la gauche. Signé et date de 1775.

Diam., 14 cent.

217 — THÉRÈSE ELISABETH LERAY DE CHAUMONT. — Buste de profil tourné vers la droite. Date de 1785.

Diam., 16 cent.

218 — Tête d'homme, profil à gauche, sans nom. Signé et date de 1767.

Diam., 16 cent.

219 -- Buste de Louis XVI jeune, profil à gauche, portant le nom *Fontaine*, qui se lit à rebours.

Diam., 12 cent.

Armes et Fers

220 — Mousquet à rouet, modèle pied de biche, enrichi d'incrustations d'ivoire gravé et de nacre de perle. XVIe siècle.

221 — Dague dont la lame gravée à ornements porte une devise en vieux français. xvie siècle. La poignée est de date plus récente.

222 — Deux dagues dont une à lame striée et repercée à jour.

223 — Épée Louis XV à poignée et garniture du fourreau en acier finement ciselé. La lame porte l'inscription suivante: *Le fer de cette garniture d'épée a été trouvé à la Bastille par le représentant du Peuple Marcelin Beraud, offert par Claude Beraud à Émile Benoit, maire de Montaud.*

224 — Petit coffret gothique en fer à ornements découpés à jour, serrure riche et portant un large écusson armorié. xve siècle.

> Larg. 23 cent.

225 — Gros cadenas en fer de forme très-curieuse.

226 — Trousse en fer repoussé à ornements, renfermant trois couteaux et un compas à manches en fer gravé.

227 — Bel éperon en fer ciselé, enrichi d'incrustations de cuivre et d'argent. xvie siècle.

228 — Grosse clef en fer à tête composée d'ornements et de mascarons ciselés et découpés à jour. Le canon de forme triangulaire est garni d'un étui. xvie siècle.

229 — Petit coffret à couvercle bombé, garni en peau de chagrin et ferrures découpées. Époque Louis XIII.

230 — Navette en acier, à ornements gravés et découpés à jour. Époque Louis XV.

231 — Deux pièces: petite dague à lame quadrangulaire damasquinée d'argent, et couteau à poignée en fer ciselé à ornements et doré. xvie siècle.

232 — Poignée d'épée en fer ciselé, à trophées d'armes et ornements en relief sur fond d'or. Époque Louis XV.

233 — Deux fourchettes; l'une à manche formé par une figurine de chasseur debout, en ivoire sculpté; l'autre à manche en ambre, portant une inscription allemande ainsi que la date de 1638.

234 — Garde d'épée incomplète, en bronze du Tonkin à arbustes et animaux dorés sur fond bronzé.

235 — Instrument en fer de forme curieuse, présentant à ses deux extrémités cinq dents plates et minces. Nous supposons, que cette pièce a dû servir de peigne pour passementeries

236 — Poignard, à manche et fourreau en ivoire sculpté à figures et ornements. Travail moderne.

237 — Flambeau en fer gravé et découpé à jour. xvi° siècle.

238 — Deux pièces: mouchettes sur tige élevée et petite lampe, destinée à être suspendue, en fer à ornements découpés.

239 — Marteau de porte en fer forgé à feuillages.

240 — Hallebarde en fer gravé, décorée d'oiseaux découpés à jour.

241 — Très-petit coffret en cuivre gravé et doré à figures et oiseaux. xvii° siècle.

242 — Épée, à poignée ornée de feuillages et de perles en relief ; la garde à double coquille présente des mascarons et des fleurs ciselés et découpés à jour. Époque Louis XIII.

243 — Épée, à garde ornée de bustes en relief et fleurs repercées à jour. Même époque.

244 — Autre épée, à poignée et garde repercées à jour.

245 — Épée, à garde ornée de sujets de bataille en relief. Les guillons se terminent par des bustes de femmes. Époque Louis XIII.

246 — Épée, à garde repercée à jour et lame triangulaire fleurdelisée, portant l'inscription : *Vive le Roy*. Époque Louis XV.

247 — Épée, à poignée en bois sculpté à figures d'animaux. La lame présente les figures des douze apôtres, finement gravées et dorées. xviie siècle.

Objets variés

248 — Triptyque en cuir gravé et gaufré, rehaussé de couleurs et d'or et formant étui de missel. Le tableau central présente le Christ en croix entre les saintes femmes ; le volet droit, décoré d'un monument de style gothique, offre la figure du donataire agenouillé, son patron debout derrière lui réservé en or sur fond bleu fleurdelisé. Le volet gauche offre la figure de sainte Radegonde debout sous un monument analogue. Cette pièce intéressante date du commen-

cement du xvie siècle; elle porte des inscriptions latines
dont une partie ainsi qu'un écusson armorié ont été
grattés.

Haut., 29 cent.; larg., 57 cent.

249 — Joli vidrecome en étain dont la panse est décorée de
médaillons ovales renfermant des figures allégoriques en
relief. Le couvercle offre des mascarons et des figurines
de génies; l'anse est ornée d'une cariatide de femme. xvi[e]
siècle.

Haut., 18 cent.

250 — Petit vase en émail de Venise, à panse godronnée et
piédouche. Il est décoré d'ornements d'or sur fond bleu
clair et sur fond gros bleu alternés.

Haut., 11 cent.

251 — Deux petits plateaux en étain à figures équestres et
ornements en relief. xvie siècle.

252 — Deux jolies peintures sur cristal de roche, représentant
l'Adoration des Mages et la Résurrection. Ouvrage italien
du xvie siècle.

253 — Peinture sur verre rehaussée d'or, représentant le
Christ mort, entouré de quantité de figures. Ouvrage italien
du xvie siècle. Cadre en bois sculpté et doré en partie.

Haut. totale, 21 cent.; larg., 20 cent.

254 — Petit plateau ovale en cuivre doré, découpé à jour et
fleurons émaillés enrichis de rosaces en corail. Travail
vénitien du xvie siècle

Larg., 20 cent.

255 — Reliquaire en cuivre doré avec appliques en cristal de roche et renfermant une figure de Christ en ambre sculpté. XVIIᵉ siècle.

256 — Baiser de paix en bronze, présentant le Christ en re- lief sur fond gravé et portant la date de 1646. On lit au revers : A. TEMPS. DE. NOBLES. Sʳˢ M. DE. KATENIS.

257 — Figurine. — Enfant dans l'attitude de vouloir attraper un papillon. Bronze florentin du XVIᵉ siècle. Socle en bois noir incrusté de filets de cuivre.

Haut. sans le socle, 19 cent.

258 — Figurine. — Négresse nue et debout. Bronze italien du XVIᵉ siècle.

Haut. sans le socle, 31 cent.

259 — Cheval et taureau passant. Bronzes français du XVIIᵉ siè- cle. Sur socles à moulures en bois noir.

Haut. avec socle, 17 cent.

260 — Petit coffret en cuir gaufré, gravé et doré, garni en cuivre. XVᵉ siècle.

261 — Petit vase de forme ovoïde à anse surélevée et à goulot droit en cuivre rouge repoussé, à figurines et ornements. XVIᵉ siècle.

262 — Petit brasero en cuivre rouge repoussé à ornements. Même époque.

263 — Coffret de forme oblongue garni de plaques d'agate

jaspée et monté en cuivre doré. Travail moderne d'Oberstein.

264 — Broderie en soie représentant la sainte Famille. Époque Louis XIII.

265 — Coffret à bijoux à couvercle bombé en cuir, doré au fer, à figures et ornements. XVIe siècle.

Haut., 22 cent.; larg., 30 cent.

266 — Coffret à couvercle en toit en cuir gravé et doré, orné d'arabesques et de figures. Il est garni de ses ferrures de l'époque. Ouvrage de la fin du XVe siècle.

Larg., 36 cent.

267 — Coffret carré en marqueterie d'ivoire et bois. XVIe siècle.

Larg., 23 cent.

268 — Boîte de forme cylindrique en cuivre finement gravé, à entrelacs et figures, et enrichi d'incrustations d'argent. Travail persan.

269 — Corne à chausser, gravée à figures représentant les cinq sens et portant la date de 1598.

Meubles

270 — Joli meuble à hauteur d'appui, du temps de Louis XIV, en marqueterie d'écaille et cuivre, première partie, riche-

ment garni de bronze et à deux portes vitrées. Les côtés offrent un riche décor d'ornements dans le style de Bérain, et le dessus est garni d'une tablette de marbre brèche violacé.

Haut. sans le contre-socle en bois noir, 1 m. 25 cent.; larg., 1 m. 15 cent.

271 — Grand meuble dressoir en bois sculpté, de forme monumentale, orné de colonnettes torses, de têtes de chérubins et de moulures guillochées, à deux tiroirs et à deux portes. Il porte la date de 1623.

Haut., 2 m. 70 cent.; larg., 1 m. 30 cent.

272 — Charmant petit cabinet et sa table support, richement incrusté d'ivoire et de bois de couleurs sur fond de bois d'ébène et autres. Il est garni d'ornements de cuivre découpé à jour. Travail portugais du xvie siècle.

Haut., 97 cent ; larg., 49 cent.

273 — Beau coffre en bois sculpté à cariatides, rinceaux, figurines et ornements divers sur fond et rehaussé d'or. Le dessus offre dans un médaillon ovale les figures de Vénus et de l'Amour, et l'intérieur est à compartiments. Ouvrage italien.

Long., 47 cent.; larg., 25 cent.

274 — Soufflet très-curieux dont la face principale offre le blason de France surmonté de la couronne royale, des têtes de chérubins, des dauphins et des fleurs de lys rapportés en cuivre en relief. Époque Louis XIII.

275 — Balai d'âtre garni d'un long manche en os tourné. Même époque.

Montres

276. — Jolie montre de forme ronde en cristal de roche taillé à cuvette et à lobes; le fond et le dessus formant rosaces. Mouvement signé *Jean Rousseau*, avec cadran en argent gravé à fleurs. xvie siècle.

277 — Autre montre du xvie siècle, de forme ovale à lobes, en argent finement gravé à figures et ornements. Le mouvement porte le nom de *Faucon Avennes*.

278 — Montre ovale en cuivre gravé et doré, dont les deux côtés ainsi que le pourtour en verre sont enrichis d'incrustations d'or et d'émail. Ce précieux spécimen de l'art du bijoutier au xvie siècle, est malheureusement en mauvais état de conservation. Mouvement de *Garandeau à Paris*.

279 — Petite montre de prélat en forme de croix, en argent gravé à figures et ornements. xvie siècle.

280 — Montre de même forme en cuivre gravé et doré. Même époque.

281 — Petite montre modèle tulipe en cuivre doré avec cadran émaillé. Mouvement de *Jean-Baptiste Duboule*.

282 — Montre ovale en cuivre doré; le cadran finement gravé, représente les divers plaisirs ou travaux des champs. Mouvement de *Marc Girard, à Bloys*.

283 — Petite montre de forme octogone en cuivre gravé.

284 — Charmante petite montre en agate orientale, taillée à cuvette, montée à gorge à charnière en or émaillé et ornements en relief. Mouvement de *Charles Robinet*. Époque Louis XIII.

285 — Petite montre en cuivre gravé et doré à ornements réservés sur fond d'émail bleu clair. Mouvement de *A. Bretonneau à Paris*. Même époque.

286 — Très-grosse montre en cuivre doré, finement gravé à ornements dans le style de Berain. Mouvement de *Minvel à Paris*. Époque Louis XIV.

287 — Montre Louis XV, dont la cuvette émaillée représente à l'extérieur le sujet de l'enlèvement d'Europe et à l'intérieur un paysage.

288 — Charmante petite montre contenue dans un médaillon en or, enrichi de demi-perles ; cadran émaillé bleu et échappement visible à spirale, orné de roses. Époque Louis XVI.

289 — Montre en argent formée d'une tête de mort. Travail moderne.

290 — Grande montre Louis XIII, en cuivre gravé, doré et découpé à jour. Mouvement à sonnerie.

Bijoux antiques

291 — Très-beau pendant d'oreille en or, à ornements découpés à jour et grènetis. Il est enrichi d'un grenat et d'une pendeloque formée d'un saphir. Travail étrusque.

292 — Pendant d'oreille formé d'une figurine de femme debout, en or.

293 — Bague en or, dont le chaton est orné d'une médaille en or.

294 — Grosse bague en or avec chaton orné d'un rubis cabochon.

295 — Autre bague en or ; le chaton est orné d'une intaille, représentant un sanglier.

296 — Deux pièces : Bague en or, ornée d'une pâte de verre et bague en cuivre, ornée d'un camée très-finement gravé représentant un buste de femme. Travail antique.

297 — Deux bagues, un petit anneau et un médaillon en or ; ce dernier est orné d'une perle.

298 — Cinq pendants d'oreilles, dont trois en or et deux en argent.

Bijoux

299 — Boucle très-curieuse de forme ronde et plate en or, présentant quatre saintes faces finement gravées ainsi que des inscriptions latines, réservées en or sur fond d'émail blanc. Cette pièce qui date du xve siècle, est enrichie de filets d'émail gros bleu avec points d'émail bleu clair. Elle a été trouvée lors de la démolition d'une chapelle des environs de Tours entre deux joints de pierre.

300 — Autre petite boucle de forme analogue, en or portant sur son plat une inscription latine en émail noir. Même époque.

301 — Petit modèle de sarcophage, en or émaillé noir, avec croix réservée en émail blanc et couronnes vertes. Il renferme un squelette, émaillé blanc et l'intérieur du couvercle porte une inscription allemande émaillée noir qui se traduit ainsi : *Tu m'étais cher en ce monde ; Que Dieu te console, noble héros.*

Cette pièce qui mesure 23 millim. de long., est placée dans un petit étui en ivoire. xvie siècle.

302 — Médaillon pendentif en or repoussé, découpé à jour et émaillé en couleurs. Il présente sur chacune de ses faces une peinture sur verre représentant le buste d'un saint personnage. xvie siècle.

303 — Très-petit reliquaire en or émaillé et découpé à jour renfermant une figurine de Vierge en bois sculpté. xvie siècle.

304 — Petit médaillon ovale en jaspe et cristal de roche, monté en or et renfermant un Christ en croix en or émaillé. XVIe siècle.

305 — Bijou pendentif en or émaillé, en forme de pélican et enrichi de perles fines. XVIe siècle.

306 — Bijou pendentif ouvrant, de forme monumentale à double face, en or repoussé, enrichi de figures émaillées et suspendu à une chaînette formée de rubis et d'émeraudes. XVIe siècle.

307 — Croix ouvrante en or émaillé, enrichie sur une de ses faces de diamants tables, et sur l'autre, des divers attributs de la passion peints sur émail en couleurs. Elle est suspendue à un médaillon en forme de cœur en or émaillé, enrichi de roses. Époque Louis XIII.

308 — Petit bijou en or émaillé, à ornements découpés à jour et enrichi d'un camée à deux couches, représentant deux bustes accolés. XVIe siècle.

309 — Petit bijou pendentif en or émaillé, représentant une tête de saint personnage et garni à sa partie inférieure d'une pendeloque en émeraude. Travail espagnol de la fin du XVIe siècle.

310 — Très-belle bague en or gravé et émaillé à fleurs. Elle est enrichie d'une belle intaille sur saphir représentant une sainte face. XVe siècle.

311 — Anneau en or composé de nœuds et portant des inscriptions gravées. XVe siècle.

312 — Bague en or gravé et dont le chaton saillant découpé à jour est orné d'une émeraude. Commencement du XVIᵉ siècle.

313 — Bague en or, à ornements découpés à jour et chaton formé d'un camée à deux couches représentant un buste de Christ. XVᵉ siècle.

314 — Bague en or émaillé du XVIᵉ siècle; le chaton carré est tenu par quatre griffes.

315 — Jolie bague ornée d'un sablier surmonté d'une tête de mort et de divers attributs, en or émaillé enrichie de roses. Époque Louis XIII.

316 — Bague ouvrante en or émaillé, ornée d'une tête de mort et renfermant un buste de femme. Même époque.

317 — Grande bague en or émaillé, enrichie de grenats émaillés, représentant les divers instruments de la passion. Même époque.

318-324 — Vingt bagues diverses en or, en argent et en cuivre, des XVIᵉ, XVIIᵉ et XVIIIᵉ siècles, qui seront vendues par lots.

325-329 — Cinq petits cachets formés de bustes de nègres en agate de diverses nuances, montés en or et enrichis de pierres précieuses. Époque Louis XV. Ils seront vendus séparément.

330 — Cachet formé d'un petit chien couché, en jaspe noir, monté en or et enrichi de roses. Époque Louis XV.

331 — Cassolette en forme d'œuf en jaspe sanguin, monté en

or repoussé à fleurs et portant la devise suivante réservée sur fond d'émail blanc : *Gage de mon amitié*. Époque Louis XV.

332 — Cachet en argent, enrichi de marcassites et garni d'une intaille sur agate. Époque Louis XV.

333 — Cassolette en porcelaine de Saxe moderne, garnie en argent.

334 — Belle plaque en or champlevé et émaillé, représentant un sujet de bacchanale, finement peint en grisaille et attribué à De Mailly.

335 — Grande croix formant reliquaire, en or, décorée sur chacune de ses faces de figures émaillées en couleurs. Époque Louis XIII.

336 — Très-petite croix en or émaillé noir et Christ en relief émaillé blanc. Les extrémités des branches de la croix sont ornées de roses.

337 — Médaillon en argent doré, orné d'un camée à trois couches représentant deux saints personnages debout sous des arceaux à plein cintre. XVIᵉ siècle.

338 — Bijou pendentif en argent doré, émaillé noir et blanc et enrichi de cailloux du Rhin. Époque Louis XIII.

339 — Chapelet en argent, enrichi d'olives et d'une croix en or, émaillé en partie. XVIᵉ siècle.

340 — Médaillon rond en argent doré, renfermant une sculpture qui représente le Père, le Fils et le Saint-Esprit. La

plaque extérieure, gravée à entrelacs, porte les lettres C et F. enlacées. Commencement du xvi⁰ siècle.

341 — Petite boîte ronde en or, le couvercle est orné d'une peinture sur émail et sur or, représentant un sujet tiré de l'histoire romaine, très-finement peint en couleurs. Époque Louis XIV.

342 — Bijou en forme de petit monument en argent doré, renfermant une sculpture très-fine en bois, représentant diverses scènes de la Passion. xvi⁰ siècle.

343 — Médaillon rond en argent doré, présentant sur une de ses faces une miniature sur vélin, et sur l'autre, une sculpture sur nacre de perle offrant le sujet de la crèche. xvi⁰ siècle.

344 — Médaillon ovale en argent finement ciselé et découpé à jour; il renferme deux miniatures, l'une représente saint Joseph portant l'enfant Jésus, et l'autre, la Vierge debout. Ouvrage de la fin du xvi⁰ siècle.

345 — Camée représentant un buste de femme, monté dans un cadre en filigrane d'argent surmonté d'une couronne. Époque Louis XIII.

346 — Médaillon rond en argent doré; un de ses côtés es garni d'un camée sur sardoine orientale représentant le Christ mort et une sainte femme; l'autre, présente un nielle sur argent, armoiries d'un pape.

347 — Intaille sur améthyste, représentant une tête de femme tournée vers la gauche. Dans un cadre en filigrane d'argent doré.

348 — Médaillon ovale en filigrane d'argent orné de deux peintures sur émail représentant des sujets religieux; l'une d'elles est signée : *Eberhardi Claus,*

349 — Grande plaque de jaspe sanguin de forme ovale gravée en intaille et représentant le Christ en croix entre les saintes femmes.

350 — Croix en argent avec chaînes de suspension et garnie de filigrane. Époque Louis XIII.

351 — Autre croix en argent; celle-ci renferme divers ustensiles de toilette.

352 — Deux pièces en filigrane d'argent; croix et petit reliquaire en forme de vase orné de peintures.

353 — Croix bretonne (?) en argent doré, ornée de deux bustes en regard et garnie de pendentifs formés de plaques légèrement concaves. Pièce curieuse.

354 — Deux médaillons en filigrane d'argent.

355 — Cassolette à parfums en forme de vase se développant en six compartiments. Époque Louis XIII.

356 — Deux camées : l'un d'eux sur agate à deux couches, monté en or émaillé; l'autre sur jaspe à deux couches.

357 — Cassolette en forme de montre en cuivre émaillé, décorée de fleurs et d'ornements. Époque Louis XV.

358 — Autre cassolette de même forme, en argent doré et émaillé bleu turquoise, avec cercle enrichi de grenats.

359 — Cassolette émaillée bleu turquoise à fleurs décorées en couleurs. Monture en argent.

360 — Médaillon ovale en argent et perles fines, renfermant une sculpture en bois et présentant à l'extérieur une plaque d'argent finement gravée, représentant une figure de saint Jean. XVIᵉ siècle.

361 — Trois pièces : étui forme cœur en argent, médaillon orné d'une miniature, et bouton double garni de plaques de verre émaillé.

362 — Couteau et fourchette à manches en argent repoussé. Dans une gaîne en cuir gaufré. XVIIᵉ siècle.

363 — Jolie peinture sur émail, par *Petitot*; portrait de Madame de Longueville (?). Cette pièce, malheureusement fracturée, est montée dans un cadre en filigrane d'argent doré enrichi de perles fines.

364 — Médaillon ovale, peint sur émail, représentant une figure de saint personnage. Bordure en argent émaillé.

365 — Médaillon ovale, représentant un sujet tiré de la vie de Jésus-Christ, dessiné au trait sur émail et rehaussé d'or.

366 — Étui, formé d'un buste de femme, en ivoire et argent doré, rehaussé de plaques émaillées rouge et enrichi de roses et de rubis. Époque Louis XIV.

367 — Étui en vernis de Martin, fond bleu, garni en argent et cailloux du Rhin. Époque Louis XV.

368 — Deux médaillons ; l'un en cuivre doré du xvi° siècle,
garni de deux camées et l'autre de forme ovale en corne,
orné de deux miniatures sur vélin, représentant l'éduca-
tion de la Vierge par sainte Anne et la sainte famille. Ces
deux miniatures sont placées sous des cristaux de roche.

369 — Petite boîte en verre opaque vert de forme octogone
allongée, montée en argent doré et reposant sur quatre
petits dauphins debout. Époque Louis XIII.

370 — Boîte de forme analogue, en cuivre gravé et émaillé ;
xvi° siècle.

371 — Petite boîte, formant tire-lire, en ivoire de forme cylindrique, à ornements cloutés d'argent et garnie d'une
gorge à charnière de même matière. Époque Louis XIV.

372 — Étui de forme ronde en argent, à pied large, décoré
de figures de chinois en relief et contenant six petits couteaux à manches d'argent.

373 — Petit reliquaire en argent, modèle lanterne, sur pied
en cuivre découpé à jour, orné de chérubins et de cariatides.

374 — Livre de prières en allemand, imprimé à Strasbourg
en 1731 et placé dans une riche reliure en filigrane d'argent.

375 — Deux cuillers en nacre de perle, garnies de têtes de
béliers en argent doré.

376 — Deux autres cuillers en argent ; l'une d'elles de travail
moderne a son manche orné de figurines.

Tabatières et Bonbonnières

377 — Boîte ronde en poudre d'écaille, incrustée et galonnée
d'or ; le dessus est orné d'une miniature sur ivoire, représentant Vénus, Adonis et des Amours. Époque
Louis XVI.

378 — Bonbonnière ronde en vernis de Martin, rayée blanc
et rouge ; le dessus est orné d'une miniature sur ivoire,
représentant une jeune femme portant un portefeuille et
tenant un crayon. Même époque.

379 — Petite boîte ovale en écaille, montée à gorge à charnière en or ; le dessus est orné d'une jolie peinture sur
émail, représentant un portrait d'homme. Époque
Louis XVI.

380 — Boîte ronde en poudre d'écaille rouge, galonnée d'or ;
le dessus présente un fixé très-fin, attribué à De Lioux
de Savignac et représentant le Pont-Neuf et la Samaritaine ;
au premier plan, marchands de chansons et de fruits.
Époque Louis XVI.

381 — Petite boîte ronde en écaille doublée en or ; le dessus
est orné d'une miniature sur ivoire, représentant un portrait de femme. Époque Louis XVI.

382 — Petite bonbonnière ronde en vernis de Martin, fond
gris et médaillon décoré de figures d'enfants dans le style
de Boucher. Époque Louis XV.

383 — Boîte à cure-dents en verre aventuriné, montée en
doublé d'or sur argent. Elle porte la date de 1792.

384 — Drageoir du temps de Louis XIV en argent doré, à
figures, ornements et trophées en relief.

385 — Boîte ronde en poudre d'écaille, incrustée d'étoiles
d'or et ornée d'une miniature er grisaille, représentant
l'amour en présence de quatres figures de femmes.

386 — Boîte ronde en poudre d'écaille jaspée ; le couvercle
est orné d'un médaillon peint en grisaille sur verre, par
J.-J. De Gault.

Porcelaines

387 — Deux beaux cornets en ancienne porcelaine de Chine
à figures et arbustes en relief, émaillés en émaux de la
famille verte ; belle qualité. Ils sont montés sur des socles
et garnis de gorges, modèle rocaille, en bronze doré.

Haut., 48 cent.

388 — Deux perroquets en ancienne porcelaine de Chine,
émaillés en couleurs et montés sur rochers. Belle qualité.

Haut., 35 cent.

389 — Deux jolies tasses hautes avec soucoupes en ancienne
porcelaine de Saxe, décorées de médaillons de paysages
avec figures et riches encadrements d'or.

390 — Jolie tasse, forme droite, en ancienne porcelaine de Sèvres, pâte tendre, fond bleu turquoise à pois d'or et bandes d'ornements et fleurs. Époque Louis XVI.

391 — Autre tasse en ancienne porcelaine de Sèvres, pâte tendre, décorée de fleurs en couleurs et d'ornements d'or. Même époque.

392 — Tasse de forme arrondie en ancienne porcelaine de Sèvres, décorée d'un feston de fleurs sur fond bleu et de jetés de fleurs sur fond blanc.

393 — Deux cerfs couchés, en ancienne porcelaine de Chine, montés sur des socles en bronze doré du temps de Louis XVI.

394 — Gobelet en porcelaine blanche allemande, portant des armoiries et la figure de Gambrinus en relief.

Miniatures

395 — Grande et belle miniature sur vélin. — Henri II, roi de France, debout, en riche costume noir et or. Sur le revers de la pièce un carré de papier rapporté porte l'inscription suivante : *Elisabeth Duval, a fait ce portrait l'an mil cinq cent quatre-vingt sept.* Cadre en bois noir à moulures guillochées.

Haut., sans cadre 24 cent. Larg., 11 cent.

396 — Miniature ovale sur vélin. — Portrait de Philippe II, roi d'Espagne. Cadre en argent.

397 — Jolie miniature ovale sur ivoire attribuée à Cosway.
Portrait de jeune femme, coiffée d'un large chapeau de
paille.

398 — Deux jolies miniatures rondes gouachées, représentant
des marines dans la manière de Vernet. Cadres ovales en
bois sculpté et doré.

399 — Jolie miniature sur vélin du temps de Louis XV ; portrait de souveraine. Dans un cadre très-riche en bois
sculpté et doré surmonté de divers attributs et d'une couronne de fleurs.

400 — Miniature ovale sur vélin attribuée à Klingstett,
représentant une jeune none fumant. Cadre en cuivre.

401 — Miniature ovale sur vélin dans la manière de Klingstett; groupe de deux figures. Cadre en cuivre.

402 — Miniature ronde sur vélin en grisaille et rehaussée.
Vénus, vue à mi-corps et amour.

403 — Miniature de forme carré long sur vélin, attribuée
à Klingstett; groupe de deux figures. Cadre en bois sculpté
et doré.

404 — Miniature ovale sur vélin. Amours endormis désarmés
par deux jeunes femmes.

405 — Miniature ovale gouachée, en hauteur; jeune femme
en costume Louis XVI, tenant une grappe de raisin de la
main droite. Cadre en bronze, surmonté d'un ruban.

406 — Miniature ovale gouachée ; entrée de forêt. Dans un
cadre en bois sculpté et doré.

407 — Miniature ovale sur ivoire, signée Isabey. — Portrait
de femme. Dans un cadre en bois sculpté et doré.

408 — Miniature gouachée sur vélin, de forme ronde. Bai-
gneuses.

409 — Miniature de forme carré long sur vélin. — Jeune fille
vue à mi-corps et lisant. Cadre en écaille garni en bronze
doré.

410 — Miniature de forme carré long sur vélin du temps de
Louis XV. Portrait d'homme. Dans un cadre en écaille.

411 — Miniature gouachée sur vélin. — Portrait de jeune
femme.

412 — Médaillon ovale, orné d'une miniature sur ivoire représentant un portrait d'enfant.

413 — Miniature ovale gouachée sur vélin. Portrait du roi
Louis XVI, en costume de chasse.

414 — Miniature de forme carrée, gouachée sur vélin. Paysage
avec figures.

415 — Deux miniatures ; l'une de forme ovale, représente la
Vierge, et l'autre carrée, offre une figure de femme âgée
lisant.

TABLEAUX & PASTELS

Euc. BATTAILLE.

416 — Jeune femme dans un paysage. Elle est vue de dos et
lisant.

Fr. BOUCHER (attribué à).

417 — Enfants dans un paysage, sur toile. — Cadre bois
sculpté et doré.

Fr. BOUCHER (d'aprés).

418 — Tête de jeune femme. Pastel.

419 — Tête de jeune femme, Pastel.

Paul BRIL (attribué à).

420 — Village avec figures et animaux.

421 — Paysage et marine. Clair de lune.

CALLOT (d'après).

422 — Deux figures debout, peintes en camaïeu bleu et placées dans un même cadre.

CLOUET (école de).

423 — Portrait de femme en costume du xvi° siècle.

424 — Portrait de jeune fille, portant un riche collier d'or.

Gonzalès COQUES.

425 — Portrait de jeune homme, portant l'armure et une écharpe jaune. Petit ovale sur cuivre.

Charles COYPEL (1739).

426 — Étude du portrait de mademoiselle de Beaujoyeux. comtesse de Blon. — Pastel. — Cadre en bois sculpté et doré.

Charles COYPEL (attribué à).

427 — Figure de femme debout, en riche costume.

CRÉPIN.

428 — Paysage avec rochers et cours d'eau. Sur bois.

429 — Deux paysages : Clair de lune et Effet de jour.

DE HAY.

430 — Danaé. — Sur toile. Cadre en bois sculpté et doré.

DUCREUX (attribué à),

431 — Portrait d'un artiste. Ovale sur toile.

DURANCEAU.

432 — Deux Intérieurs Louis XV. Dessins rehaussés.

ÉCOLE ALLEMANDE.

433 — Portrait de jeune fille en costume du xvi⁰ siècle. Sur bois.

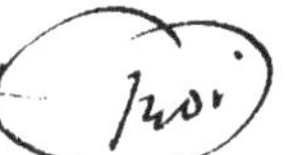

434 — Portrait de femme tenant un livre. Sur bois.

435 — Triptyque. Le tableau central présente le Christ en croix et les saintes femmes. Les volets offrent à l'extérieur des figures de saints personnages debout et à l'intérieur les portraits des donataires.

436 — Portrait de femme, en riche costume du xvi⁰ siècle e tenant un beau vase d'orfévrerie. Sur bois.

437 — Beau portrait d'homme vu de trois quarts; vêtement et toque noirs. Sur bois.

ÉCOLE ANGLAISE.

438 — Portrait de jeune garçon dans la manière de Reynolds. Ovale sur toile.

ÉCOLE FLAMANDE.

439 — Jeune femme en prière, et vêtue d'un riche costume du xvie siècle.

440 — Portrait de femme, vêtue de noir et portant une large collerette blanche. Daté de 1643. Sur toile. Cadre en bois sculpté et doré.

441 — Saint ermite en extase.

ÉCOLE FRANÇAISE.

442 — Portrait de femme, en riche costume rouge et toque noire du xvie siècle. Sur bois.

443 — Portrait de femme en costume du xvie siècle. Sur bois.

444 — Portrait de femme en riche costume et portant la date de 1616.

445 — Portrait de femme vêtue de noir. Sur bois. Cadre à moulures en bois noir.

446 — Portrait de François II, roi de France. Sur bois.

447 — Portrait de femme en costume noir et blanc. Toile.

448 — Portrait d'homme en costume du temps de Louis XIII.

449 — Portrait d'Anne d'Autriche. (?) Sur bois.

450 — Portrait de femme en riche costume du temps de Henri IV. Sur bois.

451 — Tête de femme. Petit tableau ovale sur toile. Cadre en bois sculpté et doré,

ÉCOLE GOTHIQUE.

452 — Le Christ au jardin des Oliviers. Sur bois. Cadre en bois noir.

ÉCOLE HOLLANDAISE.

453 — Portrait d'homme à collerette blanche.

ÉCOLE ITALIENNE.

454 — Deux petits portraits de femmes en riches costumes du xvi⁰ siècle. Dans un même cadre.

Paul FERG.

455 — Deux paysages et ruines. Sur cuivre.

456 — Deux paysages en pendant. Sur cuivre.

457 — Marine.

GOVAERT **FLINCK.**

458 — Portrait de femme coiffée d'un chapeau à larges bords.
Sur bois.

FOREY (1841).

459 — Intérieur. Cabinet d'objets d'art.

GÉRICAULT (signé).

460 — Portrait d'homme, au crayon noir. Sur papier bleu.

GÉRICAULT (attribué à).

461 — Cavalier. — Aquarelle.

GÉRARD **HOET.**

462 — Enfant nu soufflant des bulles de savon. Sur bois.
Cadre en ébène à moulures.

HOLBEIN (école de).

463 — Portrait d'homme en costume et toque noirs. Bois.

464 — Portrait de femme. Elle tient un bouquet de fleurs.
Bois.

465 — Tête d'homme âgé. Bois.

HUSSARD.

466 — Fruits et nature morte. Dessin rehaussé de Pastel.

INCONNUS.

467 — Deux paysages. Cadres en bois sculpté et doré.

468 — Jeune femme endormie, dans la manière de Santerre.

469 — Cavaliers dans un paysage. Ovale sur toile.

470 — Paysage avec cours d'eau. Sur bois.

471 — Portrait de femme âgée. Sur bois.

472 — Saint Jean. Sur bois.

473 — Portrait de femme. Tableau ovale; cadre en bois
sculpté et doré.

LATOUR (école de).

474 — Portrait de femme, les mains dans un manchon ; elle
est vêtue de bleu garni d'hermine. Pastel. Cadre riche
en bois sculpté et doré.

LEMOINE (signé et daté de 1778).

475 — Portrait de jeune femme. Pastel ovale.

MIGNARD (attribué à).

476 — Portrait de femme; robe ouverte et manteau bleu.
Ovale sur toile.

MIGNARD (école de).

477 — Très-petit portrait de femme sur cuivre. Cadre en bois
sculpté et doré.

MOREAU (Louis, l'aîné).

478 — Paysage avec chaumière.

PATEL (signé et daté de 1710).

479 — Paysage avec ruines. Gouache.

PERRONNEAU.

480 — Beau portrait de femme; la poitrine découverte. Pastel.
Signé et portant la date de 1748.

481 — Jeune femme endormie. Pastel.

482 — Portrait de jeune garçon, vu à mi-corps et vêtu d'un
habit bleu. Pastel.

483 — Portrait de jeune garçon en costume blanc. Pastel.

PERRONNEAU (attribué à).

484 — Portrait de femme, tête poudrée et vêtue d'une robe
blanche garnie de fleurs. Pastel.

SALVATOR ROSA.

485 — Deux médaillons ovales; sujets militaires, sur cuivre.
Dans un même cadre.

SARASIN.

486 — Deux paysages et chaumières. Effet de jour et effet de
nuit. Sur bois.

TIEPOLO (attribué à).

487 — Beau dessin à la plume, rehaussé de Sanguine.

Isaï van VELDE.

488 — Paysage avec cours d'eau et rochers. Cavaliers sur le
premier plan.

VIVIEN (attribué à).

489 — Portrait de jeune homme en habit violet et cheveux
poudrés. Pastel.

6. — Plaque Émail grisaille. ronde #
(Hercules)

12. Plaque carrée grisaille.
& faut Jesus...

27. Plat fayence Gubbio..

31. Plat fayence Urbino..++

32. id. id.

35. Plat fabrique de Ferrare ++

39. Plat Espagnol..

44. id. .

53. Castel. Durante. D.

88. Grès. (Haut. gris.)

91. id. (Bleu.

221. Dague...

308. Bijou — Camée.+
         id. 2 saints. (cassé.)
337. id.
         id. Émail..
360. id.

433. Portrait. tête de femme.
446. id. tête françois II.

Le portrait d'Henri II, sur émail, par Léonard Limousin, a été payé 6,500 fr.; celui d'Eléonore d'Autriche, du même artiste émailleur, 6,000 fr.

Une coupe aussi d'émail avec son couvercle a été vendue 1,850 fr.

Une statuette par Clodion, terre cuite, représentant une jeune femme nue, 4,000 fr., à M. Nariskine.

Un verre français, très curieux et très historié, 2,000 fr., à M. le comte de Niewerkerke. Un triptyque en cuir gravé et gaufré formant étui à missel, d'un travail exquis, 1,000 fr.

Mais, voici le bouquet : Un petit miroir de ceinture de femme, grand comme la main d'un enfant de dix ans, en buis, décoré d'entrelacs, groupes de fruits, arabesques, figures de génies, mufles de lions, d'une femme nue représentant la Justice, et, au revers, le sujet de Daniel dans la fosse aux lions, de petits génies sonnant de la trompe, une figure d'homme jouant de la viole d'amour, de figurines, etc., un vrai petit chef-d'œuvre inimitable de composition et d'exécution, travail flamand du seizième siècle, ayant 133 millimètres de hauteur sur 108 de largeur, mis à prix 10,000 fr. par l'expert, a été adjugé moyennant la somme de 25,000 fr., plus les frais de vente qui étaient, selon l'usage, de 5 0/0. Cet objet avait coûté 80 fr., il y a quinze ans, à M. Roux.

On dit que c'est le duc d'Aumale qui désirait ce bijou, et qu'il avait chargé quelqu'un de le lui acheter.

priétaires du navire *Queen-Victoria*. Une con-
clusion satisfaisante est attendue.

ORIENT

Trieste, 21 février.

La malle du Levant apporte des nouvelles d'A-
thènes du 15 février.

Le comité avait invité par une proclamation
les fugitifs crétois à rentrer dans l'île dans le dé-
lai de quinze jours, sinon les secours seraient re-
tirés à leurs familles.

D'après les nouvelles de Constantinople du 15,
les difficultés qui s'opposaient à la concession du
chemin de fer de Belgrade sont aplanies. Les travaux vont commencer.

Constantinople, 20 février.

Le *Courrier d'Orient* dément le bruit que le
sultan ait l'intention d'accorder l'autonomie à la
Crète.

(Agence Havas-Bullier.)

Nous n'apprendrons qu'aujourd'hui, par